HAWAII TRAVEL ACTIVITY BOOK FOR KIDS

THIS ACTIVITY BOOK
BELONGS TO:

- - - - - - - - - - - - - - - -

- - - - - - - - - - - - - - - -

Thank you for purchasing this Hawaii Travel Activity Book for Kids. We know your Child is going to have a great time, and so did we when we created this product, especially for him !! Please don't forget to rate this book Thank you !

Let's start our journey...

HAWAII FACTS!

HAWAIIAN ISLANDS

KAUAI ISLAND

OAHU ISLAND

NIIHAU ISLAND

MOLOKAI ISLAND

MAUI ISLAND

LANAI ISLAND

KAHOOLAWE ISLAND

ISLAND OF HAWAII

LOCATED IN OCEANIA

THE ONLY U.S. STATE LOCATED OUTSIDE NORTH AMERICA

THE ONLY ONE COMPOSED ENTIRELY OF ISLANDS

History

Hawaii

Became a State on

August 21st, 1959

«ALOHA»
MEANS HELLO
IN HAWAIIAN

HAWAIIAN ISLANDS

HAWAII IS IN THE PACIFIC REGION

THE ALOHA STATE

IS KNOW
THE ALOHA STATE
BECAUSE OF HOW
FRIENDLY AND WELCOMING
THE PEOPLE ARE!

THE CAPITAL OF HAWAII

HONOLULU

HONOLULU IS THE CAPITAL OF HAWAII AND LARGEST CITY IN HAWAII !

STATE BIRD OF HAWAII?

HAWAIIAN GOOSE OR NENE

ISLAND OF HAWAI'I

THERE ARE 2
ACTIVE
VOLCANOES

KILAUEA AND
MAUNA LOA

O'AHU

- ## WAIKIKI IS AN ICONIC BEACH IN O'AHU

KA'ALA OR MOUNT KA'ALA IS THE HIGHEST MOUNTAIN ON THE ISLAND OF O'AHU

MAUI

HALEAKALA VOLCANO IN MAUI ISLAND

KAUA'I

IT'S NICKNAMED
THE GARDEN ISLE

MOLOKA'I

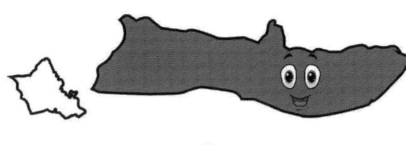

KAMAKOU IS THE HIGHEST PEAK ON THE ISLAND OF MOLOKAI

LĀNA'I

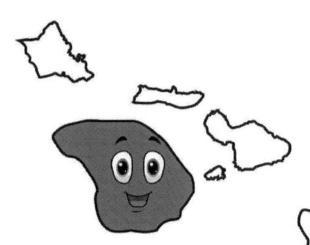

It is colloquially known as the Pineapple Island because of its past as an island-wide pineapple plantation

NI'IHAU

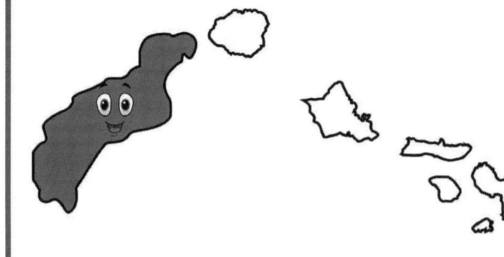

NI'IHAU is the westernmost main and seventh largest inhabited island of Hawaii

KAHO'OLAWE

44.5 Square Miles

is the smallest of the eight main volcanic islands in the Hawaiian Islands

HAWAII TRAVEL JOURNAL

ALOHA!

BEFORE THE TRIP...

Think about your upcoming trip (or the trip you're on). Where are you going ?

_____
_____
_____
_____

Who are you travelling with ? Are you going to visit someone?

_____
_____
_____
_____

What are you most excited about? Explain in great detail all the things that excite you the most about the upcoming trip or day.

_____
_____
_____
_____
_____
_____
_____
_____
_____
_____
_____

What selfies would you like to take? Plan when, how and with whom you will take them.

_____
_____
_____
_____

Before the trip...

Make a list of the things you want to take on your trip

- ☐
- ☐
- ☐
- ☐
- ☐
- ☐

☐
☐
☐
☐
☐
☐

Make a list of the ...

places you want to visit...

➢

➢

➢

➢

➢

➢

➢

things you want to do...

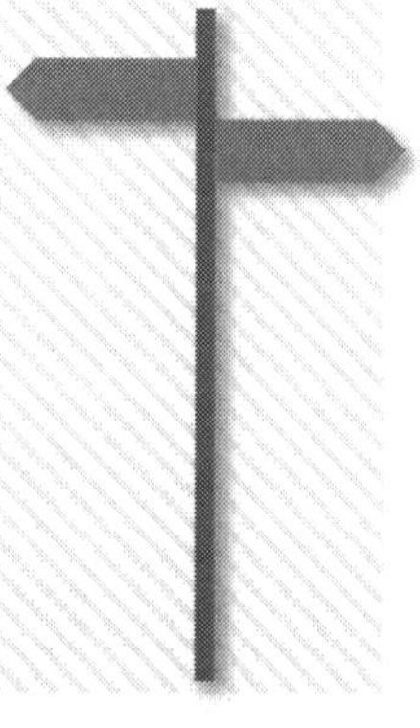

➢

➢

➢

➢

➢

➢

➢

Before the trip...

Date:_____

Make a list of the things you want to take on your trip

☐

☐

☐

☐

☐

☐

☐

☐

☐

☐

☐

☐

Make a list of the ...

places you want to visit...

➤

➤

➤

➤

➤

➤

➤

things you want to do...

➤

➤

➤

➤

➤

➤

➤

Travelling...

Travelling...   Location:_____

Weather

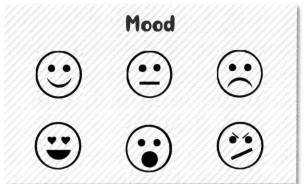

Mood

What I Did Today...

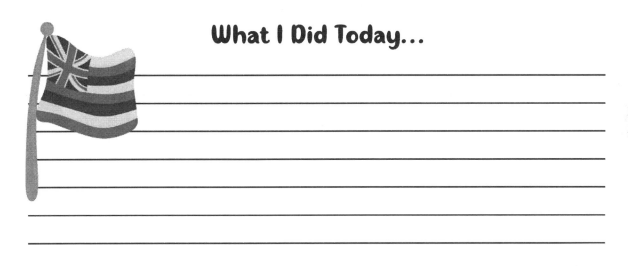

_____
_____
_____
_____
_____
_____
_____

What I Loved About Today...

_____
_____
_____
_____
_____
_____

What I Didn't Like About Today...

_____
_____
_____

Travelling...

Date : _____

Plans for tomorrow...

_____
_____
_____
_____
_____
_____
_____

Draw here something you saw. Or stick a ticket, a bill, a map, something you got that will make you remember what you did today...

Rating of the day ☆☆☆☆☆

Travelling...   Location:_____

Weather

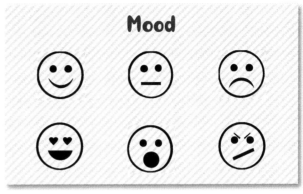

Mood

What I Did Today...

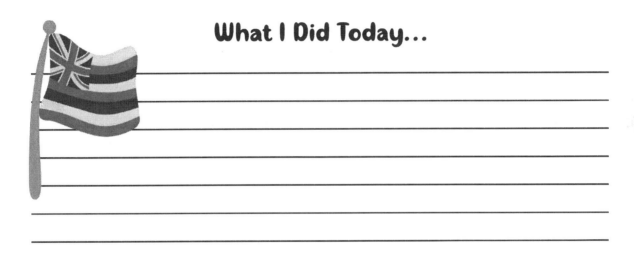

What I Loved About Today...

What I Didn't Like About Today...

Travelling...

Date : _____

Plans for tomorrow...

_____
_____
_____
_____
_____
_____
_____
_____

Draw here something you saw. Or stick a ticket, a bill, a map, something you got that will make you remember what you did today...

Rating of the day ☆ ☆ ☆ ☆ ☆

Travelling...   Location:_____

Weather

Mood

What I Did Today...

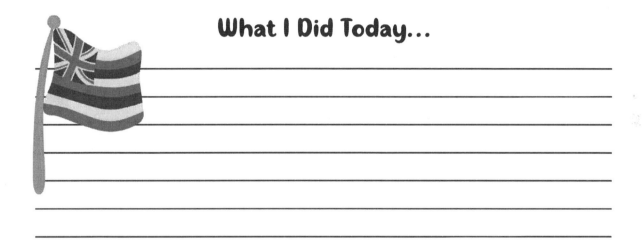

What I Loved About Today...

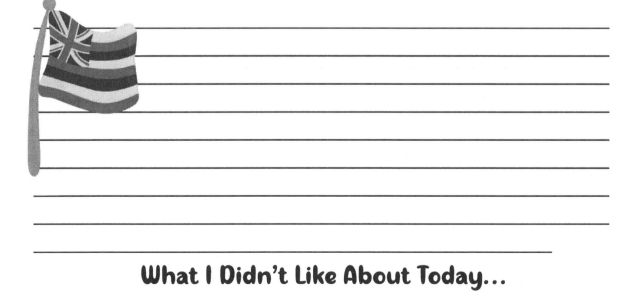

What I Didn't Like About Today...

Travelling...   Date : _____

Plans for tomorrow...

_____
_____
_____
_____
_____
_____
_____

Draw here something you saw. Or stick a ticket, a bill, a map, something you got that will make you remember what you did today...

Rating of the day ☆☆☆☆☆

Travelling...   Location:_____

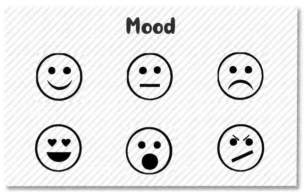

Weather   ## Mood

What I Did Today...

_____
_____
_____
_____
_____
_____
_____
_____

What I Loved About Today...

_____
_____
_____
_____
_____
_____
_____

What I Didn't Like About Today...

_____
_____
_____

Travelling...

Date : _____

Plans for tomorrow...

_____
_____
_____
_____
_____
_____
_____

Draw here something you saw. Or stick a ticket, a bill, a map, something you got that will make you remember what you did today...

Rating of the day ☆☆☆☆☆

Travelling...

Location:_____

Weather

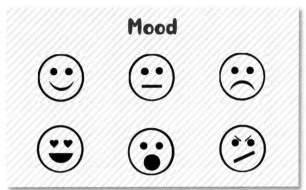

Mood

What I Did Today...

What I Loved About Today...

What I Didn't Like About Today...

Travelling...

Date : _____

Plans for tomorrow...

_____
_____
_____
_____
_____
_____
_____

Draw here something you saw. Or stick a ticket, a bill, a map, something you got that will make you remember what you did today...

Rating of the day ☆☆☆☆☆

Travelling...

Location:_____

Weather

Mood

What I Did Today...

_____
_____
_____
_____
_____
_____
_____

What I Loved About Today...

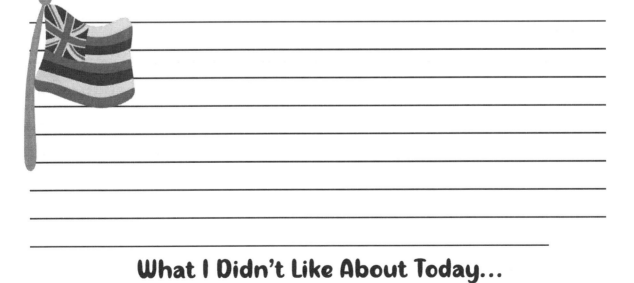

_____
_____
_____
_____

What I Didn't Like About Today...

_____
_____
_____

Travelling...

Date : _____

Plans for tomorrow...

_____

_____

_____

_____

_____

_____

_____

Draw here something you saw. Or stick a ticket, a bill, a map, something you got that will make you remember what you did today…

Rating of the day ☆☆☆☆☆

Travelling...

Location:_____

Weather

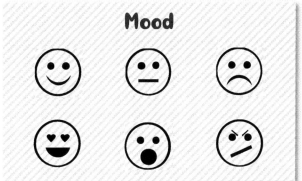

Mood

What I Did Today...

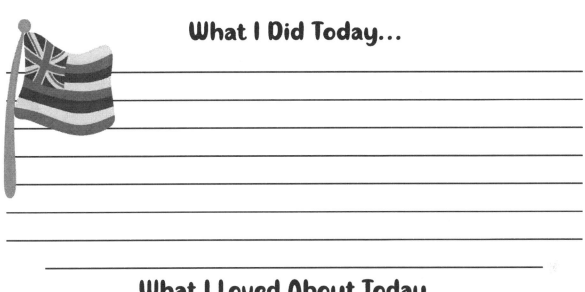

What I Loved About Today...

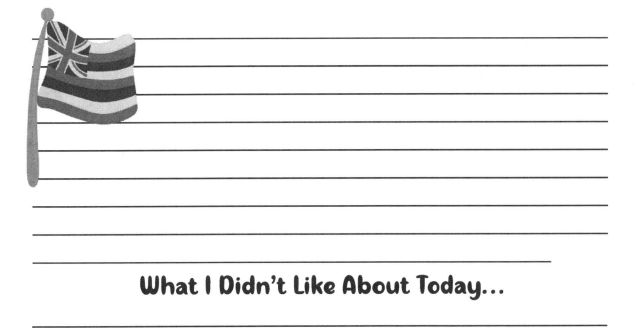

What I Didn't Like About Today...

Travelling...

Date : _____

Plans for tomorrow...

_____

_____

_____

_____

_____

_____

_____

Draw here something you saw. Or stick a ticket, a bill, a map, something you got that will make you remember what you did today...

Rating of the day ☆ ☆ ☆ ☆ ☆

Travelling...

Location:_____

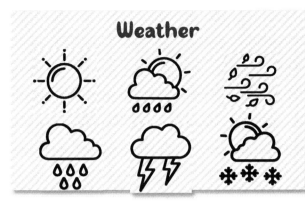

Weather

Mood

What I Did Today...

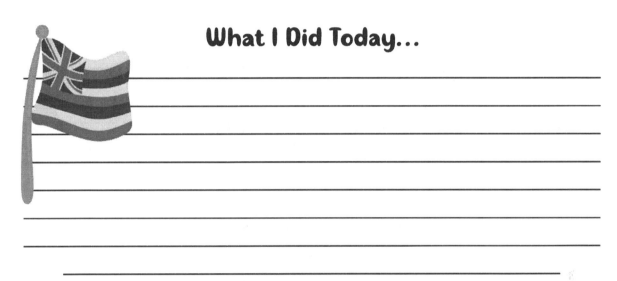

What I Loved About Today...

What I Didn't Like About Today...

Travelling...

Date : _____

Plans for tomorrow...

_____
_____
_____
_____
_____
_____
_____

Draw here something you saw. Or stick a ticket, a bill, a map, something you got that will make you remember what you did today...

Rating of the day ☆ ☆ ☆ ☆ ☆

Travelling...   Location:_____

Weather

Mood

What I Did Today...

_____
_____
_____
_____
_____
_____
_____
_____
_____

What I Loved About Today...

_____
_____
_____
_____
_____
_____

What I Didn't Like About Today...

_____
_____
_____

Travelling...   Date : _____

Plans for tomorrow...

_____
_____
_____
_____
_____
_____
_____

Draw here something you saw. Or stick a ticket, a bill, a map, something you got that will make you remember what you did today...

Rating of the day ☆☆☆☆☆

Travelling...

Location:_____

Weather

Mood

What I Did Today...

_____
_____
_____
_____
_____
_____
_____
_____

What I Loved About Today...

_____
_____
_____
_____
_____
_____

What I Didn't Like About Today...

_____
_____
_____

Travelling...

Date : _____

Plans for tomorrow...

_____
_____
_____
_____
_____
_____
_____

Draw here something you saw. Or stick a ticket, a bill, a map, something you got that will make you remember what you did today...

Rating of the day ☆☆☆☆☆

Travelling...   Location:_____

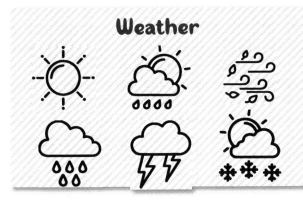

What I Did Today...

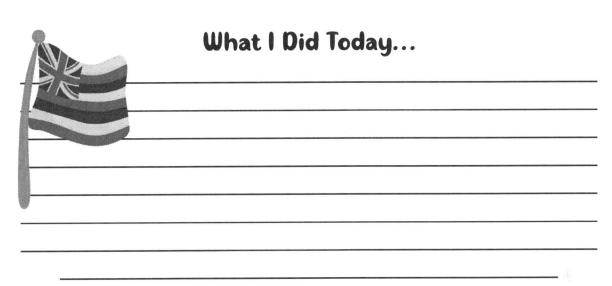

What I Loved About Today...

What I Didn't Like About Today...

Travelling...   Date : _____

Plans for tomorrow...

_____
_____
_____
_____
_____
_____
_____
_____

Draw here something you saw. Or stick a ticket, a bill, a map, something you got that will make you remember what you did today...

Rating of the day ☆☆☆☆☆

SUDOKU

SUDOKU - 1

9	8	6	1				2	
	1		4		3	6	8	
2	4	3	8	9	6			
8	3	9	5	1		7		2
		4	9			1		
1	2		7	6				3
	7	1	2	8			3	6
		8	6		9	2		1
	9		3		1	8	4	5

SUDOKU - 2

3	1	6		9			2	
4			1	7	3	9	5	6
	9	7		6	8			
7			6		2	8	4	9
8	4	1			9		3	
			3	8	4	1	7	5
6		2		4		3	9	
		3			1	5	6	
1		4	9		6		8	7

SUDOKU - 3

	2	1			8		4	7
	4	8		7	5			2
					4	3		8
2	9	4		5	6	7		
	6	5		8		2	9	4
	8			9	2	1		6
8	3	6		2	9		7	
	7		8	3		6		5
5		2	6	4	7	8		9

SUDOKU - 4

	3		2	5		1		
	1		9	8	6	2	3	
		5		4	1	7		9
7	6			3	5			8
3						4	2	7
	4	1	7		8	5		3
2	7	6	8	9	4	3	5	1
5				6	3		7	2
1	8	3			2			

SUDOKU - 5

	9				2			5
5	7		4	1			8	6
2			5	8	3	4		9
8	5	2	3		1	6	9	
1			8			5		4
	4	9	2	5	6			3
3	1	7			4	9		8
6	2		9					1
9			1	7	5	3		2

SUDOKU - 6

6	1	8	5		7			
3		9			2	1		
4	2		3	1		9		5
9	7		4		1			6
5		6			8	2		1
2	8	1		5	3	4	7	9
8		5	1		4			2
1			7	8	5	6	4	
7			2	6			1	

SUDOKU - 7

7	3		1	6	4		5	
2			7	3		6		9
6			8		9		3	
9		7		1	8			
		3	5	9			7	4
8	2	4	6	7		1	9	5
	8	6		4	7		2	
4			3	5		9	8	
5	9		2		6	7	4	

SUDOKU - 8

		5	7	6	4		3	
	1	4	2		3	5	7	9
7	8	3		5	1	6	2	
1	3		6				4	5
				4	5	3		2
		6					1	
5	6	1	4		9	7	8	
9	4	7	8	3			5	
3			8	5	1	7	4	

		2	8					
3		4			1		8	
	8		2			5	3	4
1	9		4	2	8	6	7	
6		7		5		1		
8	4	3	7					9
2	5		1	3	4	8	9	7
7	3	9	6	8	5	4		1
4	1				2	3	6	5

4	6	2	5			7		
5	7	9					2	6
8		3		2		9		
		7	8	6	9	1	3	
6	8	1	2	3	5		9	7
9	3	5	1	7	4	6	8	2
7	2	4	3	8		5		
				5	7	2		1
		6					7	8

WORD SEARCH

HAWAIIAN ISLANDS

O	J	H	D	P	M	A	R	B	D	B	J	L	O	L
M	R	X	V	H	Q	E	C	P	L	F	X	I	O	I
I	K	A	H	O	'	O	L	A	W	E	U	Z	T	'
Z	L	T	S	I	U	B	V	F	P	K	U	V	W	A
D	V	X	C	J	V	I	V	N	O	M	L	W	L	N
V	N	Q	U	K	M	O	L	O	K	A	'	I	Q	Ā
W	S	U	O	M	A	L	A	V	S	Z	F	N	A	L
S	S	B	O	Q	R	U	G	R	V	A	V	K	P	P
N	O	R	U	D	J	V	A	I	E	G	J	K	F	T
O	E	'	R	G	H	T	G	'	J	R	P	O	H	W
H	A	W	A	I	'	I	W	H	I	M	T	G	T	H
V	X	J	X	H	U	E	H	I	L	B	B	F	I	C
K	T	I	C	C	U	L	Z	V	J	J	I	B	U	M
R	O	S	P	Q	P	R	J	M	Z	D	T	T	A	O
X	Z	T	I	P	N	I	'	I	H	A	U	C	M	B

HAWAI'I	KAUA'I	NI'IHAU
MAUI	MOLOKA'I	KAHO'OLAWE
O'AHU	LĀNA'I	

FAMILY MEMBERS

I	F	K	U	P	U	N	A	K	Ā	N	E	F	N	B
D	O	N	W	R	R	U	B	N	U	S	E	C	P	K
W	P	K	U	P	U	N	A	W	A	H	I	N	E	E
X	U	N	N	O	S	H	H	O	B	Q	B	Z	P	I
Z	X	G	S	L	O	G	D	L	K	O	H	T	N	K
S	B	P	A	L	K	A	I	K	A	I	N	A	E	I
Q	I	Q	A	V	P	C	J	J	I	Q	L	K	E	Z
I	C	O	G	H	H	Q	S	T	K	B	Q	A	N	Z
V	H	L	J	C	P	U	C	E	U	A	P	N	I	X
H	H	K	J	Q	B	N	K	X	A	D	S	A	H	D
M	A	K	U	A	K	Ā	N	E	ʻ	E	P	K	A	A
Q	O	F	L	P	M	T	P	K	A	P	Q	V	U	F
R	E	I	Q	T	R	W	Q	D	N	B	R	C	K	G
W	A	H	I	N	E	E	B	V	A	U	Q	Q	A	A
E	O	Z	J	A	O	I	R	K	W	T	N	W	M	I

MAKUAKĀNE	HOALOHA	KANAKA
MAKUAHINE	KUPUNA KĀNE	KEIKI
KAIKUAʻANA	KUPUNAWAHINE	
KAIKAINA	WAHINE	

COMMUNICATION

P	J	V	P	X	E	C	X	X	Q	U	Q	V	I	Ū
N	A	X	O	K	H	R	K	J	T	O	I	'	L	P
B	H	V	S	A	U	F	G	S	O	E	E	O	L	E
O	R	A	I	B	I	N	S	M	L	U	P	W	H	L
G	K	U	E	L	V	G	I	E	H	K	A	A	V	E
F	W	J	U	W	Q	U	H	M	H	B	K	I	E	Ā
Q	Q	J	P	X	E	E	F	M	J	I	H	K	Ō	H
U	C	R	Z	L	H	L	S	R	N	E	L	O	N	N
M	S	J	J	V	W	I	I	C	P	T	I	U	U	J
V	O	Q	M	G	A	U	U	N	R	M	D	I	O	O
A	L	O	H	A	D	F	M	M	A	W	Z	N	H	I
X	A	H	Q	M	V	B	D	P	B	D	E	O	I	C
P	H	W	P	R	A	H	H	X	M	L	C	A	U	F
T	A	F	A	N	Z	X	G	O	N	J	G	N	H	X
Q	M	X	Q	W	F	R	A	E	Q	E	L	P	A	J

ALOHA	E HELE	ʻO WAI KOU INOA
A HUI HOU NŌ	HĀELE PŪ	HUI
WELINA	MAHALO	

ADJECTIVES

F	W	K	U	P	A	I	A	N	A	H	A	P	S	U
F	P	C	U	U	O	C	G	R	W	B	R	Q	L	K
L	M	A	I	K	A	'	I	L	O	A	G	V	Z	L
K	U	X	F	M	'	P	W	I	A	S	D	E	E	M
R	Z	B	M	U	E	P	Z	L	K	B	H	N	K	V
T	S	J	P	M	L	S	E	Q	A	X	P	X	F	G
M	H	E	N	X	A	W	L	P	U	M	A	S	H	D
R	Q	S	K	G	'	K	K	S	M	D	A	D	G	Z
E	L	I	Q	G	E	R	E	K	A	W	Q	L	F	P
F	F	I	F	V	L	D	L	W	H	T	J	B	U	B
'	O	L	U	'	O	L	U	D	A	S	I	E	U	E
H	F	F	R	B	F	C	J	X	K	I	L	W	X	I
T	R	D	N	Z	A	G	C	E	Q	E	C	L	U	K
N	D	Q	V	H	Q	P	G	Q	'	S	N	K	N	S
P	F	Z	M	B	S	V	O	R	O	H	O	W	A	X

'OLU'OLU	WELA	LE'ALE'A
ANU	KAUMAHA	MAIKA'I LOA
MAKEWAI	'ELEU	KUPAIANAHA

WEEK DAYS

B	Z	X	B	M	L	Z	G	V	K	U	G	J	R	O
O	M	S	X	V	H	R	N	P	E	X	Ā	R	F	N
E	L	Ā	P	U	L	E	E	A	I	H	T	I	Z	O
L	T	S	I	Q	H	C	R	E	A	W	O	S	T	A
B	S	C	C	J	V	O	V	ʻ	O	P	I	E	N	ʻ
C	S	L	N	P	I	N	Ō	B	V	B	O	M	A	Ō
A	V	S	A	P	Ō	P	F	A	B	Z	U	N	L	P
K	L	U	L	P	Ō	ʻ	F	V	K	P	P	E	O	G
K	P	B	W	V	U	ʻ	A	C	D	Q	W	U	A	E
R	G	V	B	S	V	O	A	K	N	X	B	Q	U	Q
P	Ō	ʻ	A	K	A	H	I	L	O	R	W	O	L	Q
E	T	D	N	O	N	G	X	D	I	L	Z	H	A	N
T	X	V	I	H	I	Z	A	U	P	M	U	I	ʻ	F
F	Z	I	A	U	X	M	J	W	M	Q	A	H	Ō	L
B	L	A	A	F	L	G	B	Q	C	C	B	W	P	P

PŌʻAKAHI	PŌʻAHĀ	LĀPULE
PŌʻALUA	PŌʻALIMA	
PŌʻAKOLU	PŌʻAONO	

NUMBERS

A	F	X	N	Z	O	X	L	'	J	V	M	P	G	B
G	K	A	R	A	I	M	H	Q	E	B	T	L	V	U
G	R	M	G	P	G	E	E	T	L	L	E	W	X	K
B	V	U	X	H	W	Q	N	K	Ā	G	I	E	K	I
X	H	K	V	E	O	H	T	H	G	C	H	M	F	H
W	B	I	B	'	M	J	E	C	D	J	J	J	A	E
L	C	P	J	E	E	'	'	D	C	'	I	U	C	'
I	M	V	I	L	U	K	E	C	N	E	Q	T	E	C
P	O	W	N	O	M	L	O	K	V	I	B	X	A	E
L	S	P	A	F	M	A	N	L	J	W	'	F	P	W
'	E	K	A	H	I	B	O	K	U	A	U	W	A	U
I	M	J	A	J	I	K	M	R	I	G	M	L	U	L
K	O	F	J	M	U	H	T	O	U	C	I	I	L	I
E	X	N	C	V	C	S	V	O	B	W	O	N	E	N
Q	L	S	D	Q	'	E	W	A	L	U	T	D	'	N

'EKAHI   'ELIMA   'EIWA

'ELUA   'EONO   'UMI

'EKOLU   'EHIKU

'EHĀ   'EWALU

HAWAIIAN	ENGLISH
Hawai'i	Hawaii
Maui	Maui
O'ahu	Oahu
Kaua'i	Kauai
Moloka'i	Molokai
Lāna'i	Lanai
Ni'ihau	Niihau
Kaho'olawe	Kahoolawe
makuakāne	father
makuahine	mother
kaikua'ana	sister
kaikaina	brother
hoaloha	friend
kupuna kāne	grandfather
kupunawahine	grandmother
wahine	woman
kanaka	Man
keiki	child
Aloha	Hello
A hui hou nō	See you later
Welina	Welcome
E hele	To go
hāele pū	let's go
Mahalo	Thank you
'O wai kou inoa	What is your name
Hui	Hi
'olu'olu	nice
anu	cool
Makewai	Thirst
wela	wela
kaumaha	sad
'eleu	Active
le'ale'a	fun
maika'i loa	very well
Kupaianaha	Amazing

HAWAIIAN	ENGLISH
Pōʻakahi	Monday
Pōʻalua	Tuesday
Pōʻakolu	Wednesday
Pōʻahā	Thursday
Pōʻalima	Friday
Pōʻaono	Saturday
Lāpule	Sunday
ʻekahi	one
ʻelua	two
ʻekolu	three
ʻehā	four
ʻelima	five
ʻeono	six
ʻEhiku	seven
ʻewalu	eight
ʻeiwa	nine
ʻumi	ten

Great, you have completed solving puzzles

PUZZLE SOLUTIONS

SUDOKU - 1 (Solution)

9	8	6	1	5	7	3	2	4
5	1	7	4	2	3	6	8	9
2	4	3	8	9	6	5	1	7
8	3	9	5	1	4	7	6	2
7	6	4	9	3	2	1	5	8
1	2	5	7	6	8	4	9	3
4	7	1	2	8	5	9	3	6
3	5	8	6	4	9	2	7	1
6	9	2	3	7	1	8	4	5

SUDOKU - 2 (Solution)

3	1	6	4	9	5	7	2	8
4	2	8	1	7	3	9	5	6
5	9	7	2	6	8	4	1	3
7	3	5	6	1	2	8	4	9
8	4	1	7	5	9	6	3	2
2	6	9	3	8	4	1	7	5
6	8	2	5	4	7	3	9	1
9	7	3	8	2	1	5	6	4
1	5	4	9	3	6	2	8	7

SUDOKU - 3 (Solution)

3	2	1	9	6	8	5	4	7
6	4	8	3	7	5	9	1	2
9	5	7	2	1	4	3	6	8
2	9	4	1	5	6	7	8	3
1	6	5	7	8	3	2	9	4
7	8	3	4	9	2	1	5	6
8	3	6	5	2	9	4	7	1
4	7	9	8	3	1	6	2	5
5	1	2	6	4	7	8	3	9

SUDOKU - 4 (Solution)

8	3	9	2	5	7	1	4	6
4	1	7	9	8	6	2	3	5
6	2	5	3	4	1	7	8	9
7	6	2	4	3	5	9	1	8
3	5	8	6	1	9	4	2	7
9	4	1	7	2	8	5	6	3
2	7	6	8	9	4	3	5	1
5	9	4	1	6	3	8	7	2
1	8	3	5	7	2	6	9	4

SUDOKU - 5 (Solution)

4	9	8	7	6	2	1	3	5
5	7	3	4	1	9	2	8	6
2	6	1	5	8	3	4	7	9
8	5	2	3	4	1	6	9	7
1	3	6	8	9	7	5	2	4
7	4	9	2	5	6	8	1	3
3	1	7	6	2	4	9	5	8
6	2	5	9	3	8	7	4	1
9	8	4	1	7	5	3	6	2

SUDOKU - 6 (Solution)

6	1	8	5	9	7	3	2	4
3	5	9	8	4	2	1	6	7
4	2	7	3	1	6	9	8	5
9	7	3	4	2	1	8	5	6
5	4	6	9	7	8	2	3	1
2	8	1	6	5	3	4	7	9
8	6	5	1	3	4	7	9	2
1	9	2	7	8	5	6	4	3
7	3	4	2	6	9	5	1	8

SUDOKU - 7 (Solution)

7	3	9	1	6	4	2	5	8
2	4	8	7	3	5	6	1	9
6	1	5	8	2	9	4	3	7
9	5	7	4	1	8	3	6	2
1	6	3	5	9	2	8	7	4
8	2	4	6	7	3	1	9	5
3	8	6	9	4	7	5	2	1
4	7	2	3	5	1	9	8	6
5	9	1	2	8	6	7	4	3

SUDOKU - 8 (Solution)

2	9	5	7	6	4	1	3	8
6	1	4	2	8	3	5	7	9
7	8	3	9	5	1	6	2	4
1	3	2	6	7	8	9	4	5
8	7	9	1	4	5	3	6	2
4	5	6	3	9	2	8	1	7
5	6	1	4	2	9	7	8	3
9	4	7	8	3	6	2	5	1
3	2	8	5	1	7	4	9	6

SUDOKU - 9 (Solution)

5	7	2	8	4	3	9	1	6
3	6	4	5	9	1	7	8	2
9	8	1	2	6	7	5	3	4
1	9	5	4	2	8	6	7	3
6	2	7	3	5	9	1	4	8
8	4	3	7	1	6	2	5	9
2	5	6	1	3	4	8	9	7
7	3	9	6	8	5	4	2	1
4	1	8	9	7	2	3	6	5

SUDOKU - 10 (Solution)

4	6	2	5	9	8	7	1	3
5	7	9	4	1	3	8	2	6
8	1	3	7	2	6	9	5	4
2	4	7	8	6	9	1	3	5
6	8	1	2	3	5	4	9	7
9	3	5	1	7	4	6	8	2
7	2	4	3	8	1	5	6	9
3	9	8	6	5	7	2	4	1
1	5	6	9	4	2	3	7	8

HAWAIIAN ISLANDS

```
O  J  H  D  P  M  A  R  B  D  B  J  L  O  L
M  R  X  V  H  Q  E  C  P  L  F  X  I  O  I
I  K  A  H  O  ʻ  O  L  A  W  E  U  Z  T  ʻ
Z  L  T  S  I  U  B  V  F  P  K  U  V  W  A
D  V  X  C  J  V  I  V  N  O  M  L  W  L  N
V  N  Q  U  K  M  O  L  O  K  A  ʻ  I  Q  Ā
W  S  U  O  M  A  L  A  V  S  Z  F  N  A  L
S  S  B  O  Q  R  U  G  R  V  A  V  K  P  P
N  O  R  U  D  J  V  A  I  E  G  J  K  F  T
O  E  ʻ  R  G  H  T  G  ʻ  J  R  P  O  H  W
H  A  W  A  I  ʻ  I  W  H  I  M  T  G  T  H
V  X  J  X  H  U  E  H  I  L  B  B  F  I  C
K  T  I  C  C  U  L  Z  V  J  J  I  B  U  M
R  O  S  P  Q  P  R  J  M  Z  D  T  T  A  O
X  Z  T  I  P  N  I  ʻ  I  H  A  U  C  M  B
```

HAWAIʻI	KAUAʻI	NIʻIHAU
MAUI	MOLOKAʻI	KAHOʻOLAWE
OʻAHU	LĀNAʻI	

FAMILY MEMBERS

```
I  F  K  U  P  U  N  A  K  Ā  N  E  F  N  B
D  O  N  W  R  R  U  B  N  U  S  E  C  P  K
W  P  K  U  P  U  N  A  W  A  H  I  N  E  E
X  U  N  N  O  S  H  H  O  B  Q  B  Z  P  I
Z  X  G  S  L  O  G  D  L  K  O  H  T  N  K
S  B  P  A  L  K  A  I  K  A  I  N  A  E  I
Q  I  Q  A  V  P  C  J  J  I  Q  L  K  E  Z
I  C  O  G  H  H  Q  S  T  K  B  Q  A  N  Z
V  H  L  J  C  P  U  C  E  U  A  P  N  I  X
H  H  K  J  Q  B  N  K  X  A  D  S  A  H  D
M  A  K  U  A  K  Ā  N  E  ʻ  E  P  K  A  A
Q  O  F  L  P  M  T  P  K  A  P  Q  V  U  F
R  E  I  Q  T  R  W  Q  D  N  B  R  C  K  G
W  A  H  I  N  E  E  B  V  A  U  Q  Q  A  A
E  O  Z  J  A  O  I  R  K  W  T  N  W  M  I
```

MAKUAKĀNE	HOALOHA	KANAKA
MAKUAHINE	KUPUNA KĀNE	KEIKI
KAIKUAʻANA	KUPUNAWAHINE	
KAIKAINA	WAHINE	

COMMUNICATION

P	J	V	P	X	E	C	X	X	Q	U	Q	V	I	Ū
N	A	X	O	K	H	R	K	J	T	O	I	'	L	P
B	H	V	S	A	U	F	G	S	Q	E	E	O	L	E
O	R	A	I	B	I	N	S	M	L	U	P	W	H	L
G	K	U	E	L	V	G	I	E	H	K	A	A	V	E
F	W	J	U	W	Q	U	H	M	H	B	K	I	E	Ā
Q	Q	J	P	X	E	E	F	M	J	I	H	K	Ō	H
U	C	R	Z	L	H	L	S	R	N	E	L	O	N	N
M	S	J	J	V	W	I	I	C	P	T	I	U	U	J
V	O	Q	M	G	A	U	U	N	R	M	D	I	O	O
A	L	O	H	A	D	F	M	M	A	W	Z	N	H	I
X	A	H	Q	M	V	B	D	P	B	D	E	O	I	C
P	H	W	P	R	A	H	H	X	M	L	C	A	U	F
T	A	F	A	N	Z	X	G	O	N	J	G	N	H	X
Q	M	X	Q	W	F	R	A	E	Q	E	L	P	A	J

ALOHA	E HELE	'O WAI KOU INOA
A HUI HOU NŌ	HĀELE PŪ	HUI
WELINA	MAHALO	

ADJECTIVES

```
F  W  K  U  P  A  I  A  N  A  H  A  P  S  U
F  P  C  U  U  O  C  G  R  W  B  R  Q  L  K
L  M  A  I  K  A  ʻ  I  L  O  A  G  V  Z  L
K  U  X  F  M  ʻ  P  W  I  A  S  D  E  E  M
R  Z  B  M  U  E  P  Z  L  K  B  H  N  K  V
T  S  J  P  M  L  S  E  Q  A  X  P  X  F  G
M  H  E  N  X  A  W  L  P  U  M  A  S  H  D
R  Q  S  K  G  ʻ  K  K  S  M  D  A  D  G  Z
E  L  I  Q  G  E  R  E  K  A  W  Q  L  F  P
F  F  I  F  V  L  D  L  W  H  T  J  B  U  B
ʻ  O  L  U  ʻ  O  L  U  D  A  S  I  E  U  E
H  F  F  R  B  F  C  J  X  K  I  L  W  X  I
T  R  D  N  Z  A  G  C  E  Q  E  C  L  U  K
N  D  Q  V  H  Q  P  G  Q  ʻ  S  N  K  N  S
P  F  Z  M  B  S  V  O  R  O  H  O  W  A  X
```

ʻOLUʻOLU	WELA	LEʻALEʻA
ANU	KAUMAHA	MAIKAʻI LOA
MAKEWAI	ʻELEU	KUPAIANAHA

WEEK DAYS

```
B Z X B M L Z G V K U G J R O
O M S X V H R N P E X Ā R F N
E L Ā P U L E E A I H T I Z O
L T S I Q H C R E A W O S T A
B S C C J V O V ʻ O P I E N ʻ
C S L N P I N Ō B V B O M A Ō
A V S A P Ō P F A B Z U N L P
K L U L P Ō ʻ F V K P P E O G
K P B W V Ū ʻ A C D Q W U A E
R G V B S V O A K N X B Q U Q
P Ō ʻ A K A H I L O R W O L Q
E T D N O N G X D I L Z H A N
T X V I H I Z A U P M U I ʻ F
F Z I A U X M J W M Q A H Ō L
B L A A F L G B Q C C B W P P
```

PŌʻAKAHI	PŌʻAHĀ	LĀPULE
PŌʻALUA	PŌʻALIMA	
PŌʻAKOLU	PŌʻAONO	

NUMBERS

```
A F X N Z O X L ' J V M P G B
G K A R A I M H Q E B T L V U
G R M G P G E E T L L E W X K
B V U X H W Q N K Ā G I E K I
X H K V E O H T H G C H M F H
W B I B ' M J E C D J J J A E
L C P J E E ' ' D C ' I U C '
I M V I L U K E C N E Q T E C
P O W N O M L O K V I B X A E
L S P A F M A N L J W ' F P W
' E K A H I B O K U A U W A U
I M J A J I K M R I G M L U L
K O F J M U H T O U C I I L I
E X N C V C S V O B W O N E N
Q L S D Q ' E W A L U T D ' N
```

'EKAHI	'ELIMA	'EIWA
'ELUA	'EONO	'UMI
'EKOLU	'EHIKU	
'EHĀ	'EWALU	

HAWAII

START NOW

COLORING PAGE

BLANK PAGE TO
AVOID COLOR BLEEDING

BLANK PAGE TO
AVOID COLOR BLEEDING

LET'S GO!! HĀELE PŪ!!

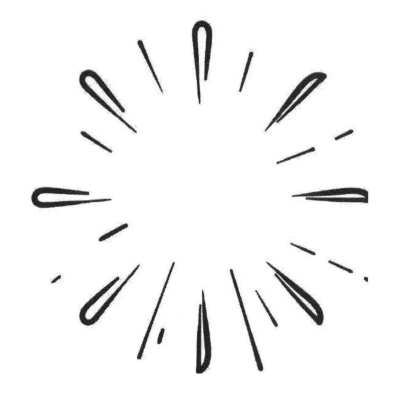

**BLANK PAGE TO
AVOID COLOR BLEEDING**

BLANK PAGE TO
AVOID COLOR BLEEDING

BIRDS
MANU

**BLANK PAGE TO
AVOID COLOR BLEEDING**

ʻUKULELE

**BLANK PAGE TO
AVOID COLOR BLEEDING**

COCONUT - NIU

BLANK PAGE TO
AVOID COLOR BLEEDING

KIDS

KEIKI

**BLANK PAGE TO
AVOID COLOR BLEEDING**

BLANK PAGE TO AVOID COLOR BLEEDING

STARFISH - PE'A

BLANK PAGE TO
AVOID COLOR BLEEDING

HIBISCUS FLOWER

**BLANK PAGE TO
AVOID COLOR BLEEDING**

SWIMMING
'AU'AU

BLANK PAGE TO
AVOID COLOR BLEEDING

LEAVES - LAU

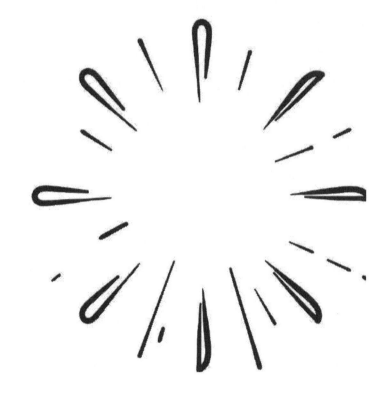

BLANK PAGE TO
AVOID COLOR BLEEDING

VOLCANO LUA PELE

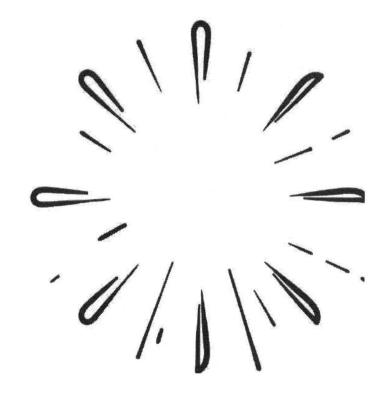

BLANK PAGE TO
AVOID COLOR BLEEDING

**BLANK PAGE TO
AVOID COLOR BLEEDING**

COCONUT TREE
KUMU NIU

**BLANK PAGE TO
AVOID COLOR BLEEDING**

HOT WEATHER
WĀ WELA

BLANK PAGE TO
AVOID COLOR BLEEDING

PINEAPPLE

BLANK PAGE TO
AVOID COLOR BLEEDING

I AM HUNGRY

PŌLOLI AU

BLANK PAGE TO
AVOID COLOR BLEEDING

**BLANK PAGE TO
AVOID COLOR BLEEDING**

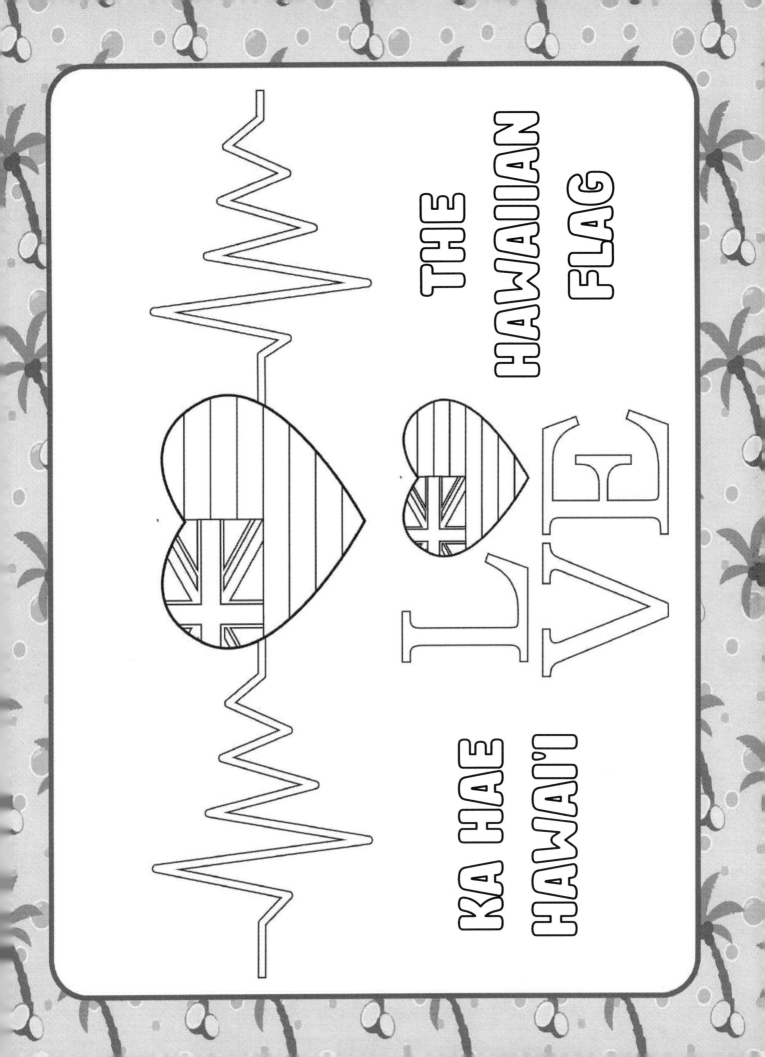

THE HAWAIIAN FLAG

LOVE

KA HAE HAWAI'I

**BLANK PAGE TO
AVOID COLOR BLEEDING**

**BLANK PAGE TO
AVOID COLOR BLEEDING**

**BLANK PAGE TO
AVOID COLOR BLEEDING**

BLANK PAGE TO
AVOID COLOR BLEEDING

HAWAIIAN FLAG

BLANK PAGE TO
AVOID COLOR BLEEDING

WELINA

WELCOME

**BLANK PAGE TO
AVOID COLOR BLEEDING**

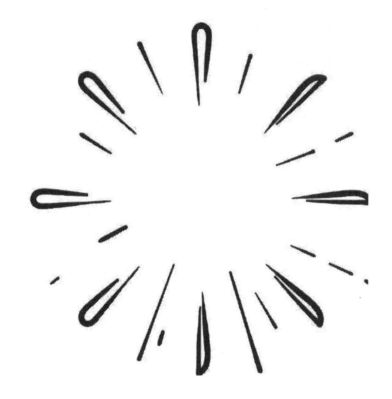

BLANK PAGE TO
AVOID COLOR BLEEDING

BLANK PAGE TO
AVOID COLOR BLEEDING

Made in the USA
Las Vegas, NV
10 October 2024